Recomanacions deontològiques per a l'actuació en Treball Social Forense.
Laura Crous i Gonzàlez i Víctor Valhondo Velarde.

publicacionsperitatgesocial@gmail.com

Primera edició en català. Barcelona, 2016.
Copyright © 2016 autors
ISBN 978-1-326-57288-4

La reproducció total o parcial d'aquesta publicació per qualsevol procediment, inclosa la reprografia i el tractament informàtic, i la distribució d'exemplars mitjançant lloguer o prestem públic, queda rigorosament prohibida sense autorització dels titulars del copyright, i serà sotmès a les sancions establertes a la llei.

RECOMANACIONS DEONTOLÒGIQUES PER A L'ACTUACIÓ EN TREBALL SOCIAL FORENSE

SUMARI

Presentació

1. Principis Generals en els que es fonamenta l'actuació del perit i de la pèrita social.

2. Acceptació del càrrec.

3. Actuació del perit i de la pèrita.

4. Drets, deures i responsabilitats del perit i de la pèrita envers l'organisme contractant.

5. Relació amb els altres professionals.

6. Confidencialitat i Secret Professional.

7. Del desenvolupament professional.

8. Honoraris.

Fonts documentals.

PRESENTACIÓ

Aquest document forma part d'un procés de recerca i anàlisi legislatiu i normatiu regulador de l'actuació ètica del perit i de la pèrita judicial i extrajudicial aplicat, segons el marc normatiu, al Treball Social.

La definició d'aquestes Recomanacions deontològiques per a l'exercici de la pèrita i del perit social es fonamenten en el marc legislatiu: el *Codi Civil Català: Llibre II, relatiu a la persona i a la família*, la *Llei 6/1985, de 1 de juliol, Orgànica del Poder Judicial*, la *Llei 1/2000 de 7 de gener, d'Enjudiciament Civil*, la *Llei d'Enjudiciament Criminal*, la *Llei 1/1996, de 10 de gener, d'Assistència Jurídica Gratuïta*; i en el marc normatiu: del *Codi Deontològic de Pèrits Judicials i Forenses* publicat per l'*Associació Catalana de Pèrits Judicials*, el *Codi Deontològic de Pèrits Judicials de la Associació Independent de Pèrits Judicials* d'Andalusia, el *Codi Deontològic de pèrits judicials* de l'Associació Professional Col·legial de Pèrits Judicials del Regne d'Espanya (ASPEJURE), el *Codi Deontològic* de l'Associació de Pèrits Judicials de Canàries, els Principis Ètics i Deontològics definits per la *Federació Internacional de Treballadors Socials (FITS)*, el *Codi Deontològic de Treball Social* publicat pel Consejo General de Trabajo Social, i el *Codi Deontològic de Treball Social* del Col·legi Oficial de Treball Social de Catalunya.

L'actuació de la treballadora i del treballador social forense ha de transmetre les exigències ètiques i deontològiques regulades legislativament i que regeixen el seu treball sota uns rigorosos conceptes de: **responsabilitat, integritat, independència, veracitat, objectivitat, confidencialitat i competència professional.**

Tots aquests conceptes són principis marc de la conducta de l'expert/a social en la pràctica judicial que s'han de transferir amb total transparència en la conducta irreprotxable del i de la professional en les actuacions pericials o forenses.

La guia de Recomanacions Deontològiques per a l'actuació en Treball Social Forense ha estat creada amb la finalitat d'orientar la bona pràctica professional de pèrits i pèrites socials en el seu exercici judicial, d'ofici i extrajudicial i evitar caure en contradiccions deontològiques que puguin posar en dubte la pròpia identitat del i de la professional.

1. PRINCIPIS GENERALS EN ELS QUE ES FONAMENTA L'ACTUACIÓ DEL PERIT I LA PÈRITA SOCIAL.

Responsabilitat, Competència i Honestedat.

L'especialista judicial ha d'actuar de manera professional i rigorosa en la realització de les seves funcions a fi d'exercir les seves responsabilitats de manera competent segons els principis d'**imparcialitat** i d'**objectivitat**.

El perit/-a social té el deure de posar els seus coneixements i la seva competència professional al servei del treball que li ha estat encomanat. Cal doncs, que l'expert/a forense tingui la formació específica i els coneixements tècnics i legals en les matèries relacionades amb els casos que assumeix.

Objectivitat

Un dels principis fonamentals que han de regular l'actuació del perit/a ha de ser l'objectivitat. Aquesta objectivitat s'ha de reflectir en els dictàmens i informes pericials que realitzi el tècnic/a, basant-los únicament i exclusivament en les dades i proves obtingudes, alhora que es tindran presents els principis ètics i el marc legal relacionat.

Confidencialitat

El perit/a ha de fer un ús responsable de la informació obtinguda en la seva activitat professional. Aquest/a té l'obligació i el deure de guardar secret de totes les matèries i dades que siguin del seu coneixement en relació a la persona o persones objecte del seu estudi.

El tècnic/a especialista té el deure d'informar a la part demandant (sigui Jutge/essa, Tribunal o Ministeri Fiscal) del seu deure a guardar secret professional. La confidencialitat del secret professional podrà ser vulnerada quan la informació de la que disposa el perit/a posi en risc la integritat física o psíquica d'una persona o de tercers, amb prèvia autorització de la Junta de Govern del Col·legi Professional al que pertanyi.

El secret professional podrà ser vulnerat a petició d'estaments judicials quan aquests hagin estat informats que la o el tècnic ha de guardar el secret professional per raons disciplinàries i l'autoritat judicial hagi aplicat els mecanismes legals per eximir a l'expert/a de l'obligatorietat de preservar la informació que posseeix per raó del seu càrrec.

Imparcialitat

El perit/a té l'obligació de desvincular-se del cas i d'abstenir-se d'emetre dictamen quan a instancia de part o d'ofici es doni qualsevol de les causes recollides legislativament i que afecten al vincle del perit/a amb la part implicada en l'objecte de la pericial i els interessos personals que l'especialista pugui tenir en la causa.

Quan el perit/a essent designat/da judicialment concorrin alguna de les causes descrites dins del marc legal que posin en dubte la seva imparcialitat, té el deure de comunicar-ho per escrit al Secretari/a Judicial del Jutjat raonant els motius pels quals haurà d'abstenir-se d'emetre dictamen dins dels dos dies següents a la seva designació.

Si la persona experta és coneixedora dels motius un cop ha acceptat el càrrec haurà de comunicar-ho al Secretari/a Judicial tant aviat com en tingui coneixement.

Les relacions professionals que es puguin generar en el transcurs d'un procediment no hauran d'anar dirigides en benefici dels propis interessos de l'especialista.

2. ACEPTACIÓ DEL CÀRREC.

En pericials com a perit/a judicial o d'ofici.

El perit/a especialista té el deure d'acceptar el nomenament del càrrec dins dels dos dies següents a la seva designació i notificació per part del Secretari/a Judicial.

Quan es doni alguna causa recollida legislativament per la que es pugui excusar d'emetre dictamen així haurà de comunicar-ho al Secretari/a Judicial mitjançant una notificació escrita dins del període de temps establert per aquest efecte.

En pericials com a perit/a extrajudicial.

Quan l'objecte d'estudi entri en contradicció amb els valors morals del propi perit/a, aquest/a podrà rebutjar l'encàrrec exposant els motius a la part.

3. ACTUACIÓ DEL PERIT/A SOCIAL.

El perit/a en l'exercici de la seva especialització:

- Ha de fonamentar el seu exercici en els principis i els valors científics i deontològics definits normativament pel col·legi professional.

- Ha de desenvolupar la seva tasca professional de forma responsable dotant-la de la màxima objectivitat, credibilitat, precisió, imparcialitat i justícia.

- Ha d'actuar amb professionalitat en la realització de la perícia fent servir el mètode científic i les tècniques i eines pròpies de la professió amb el màxim rigor qualitatiu i fiable.

- Té el deure i la responsabilitat d'emetre un dictamen efectiu i competent, objectiu i imparcial.

- Tractarà sempre amb respecte a la persona objecte d'estudi sense prejutjar-la pel procediment en el que es trobi immersa o implicada.

- Té el dret de conèixer l'encàrrec que li és encomanat.

- Té el deure de conèixer els seus límits professionals, i té l'obligatorietat de respectar les competències d'altres disciplines per evitar l'intrusisme professional.

- Ha de respectar les intervencions realitzades per companys i companyes de la mateixa disciplina que realitzen una atenció assistencial en altres serveis o institucions amb els subjectes d'estudi pericial o forense, respectant els límits professionals i evitant fer intrusisme dins del mateix àmbit d'actuació.

- Ha de conèixer i complir les normes legals que garanteixin els procediments i les pràctiques aplicables a l'especialitat en la qual actua.

- Ha d'entendre i aplicar adequadament els principis i normes constitucionals, legals i institucionals que regeixen la seva actuació com a perit/a.

4. DRETS, DEURES I RESPONSABILITATS DEL PERIT/A SOCIAL ENVERS L'ORGANISME CONTRACTANT.

El perit/a ha d'actuar amb independència en relació a l'entitat, institució o persona que sigui demandant dels seus serveis, amb la finalitat de dotar la seva actuació de la màxima objectivitat i imparcialitat.

La seva actuació es regirà pel regulat als procediments judicials en execucions civils, penals i socials, segons correspongui.

a). DRETS I DEURES EN ACTUACIONS A INSTÀNCIA DE L'ADMINISTRACIÓ DE JUSTÍCIA.

El perit/a en la seva designació d'ofici:

- Té l'obligació d'acceptar l'encàrrec i disposarà de dos dies per manifestar la seva acceptació davant del Secretari/a Judicial.

- Té el deure d'emetre dictamen dins del marge de temps establert per a tal efecte.

- Té el dret de conèixer l'objecte de la pericial pel qual ha estat designat/da abans d'acceptar el càrrec.

- Té el dret d'abstenir-se d'emetre dictamen en el supòsit que incorregués en algunes de les causes regulades legislativament i que siguin causa de recusació.

- Té el deure de separar-se del procediment quan concorri alguna de les causes pel que se'l o se la pugui recusar.

b). DRETS I DEURES EN ACTUACIONS A INSTÀNCIA DE PART.

L'especialista extrajudicial:

- Posa el seu treball al servei de les persones clientes, físiques o jurídiques.

- Té el deure d'informar a la part clienta de les característiques de la seva actuació, així com dels drets i deures que se'n deriven de l'ús del seu servei.

- Un cop finalitzat l'estudi forense haurà d'informar a la part clienta del dictamen emès.

- La seva actuació podrà ser objecte de rebuig quan es puguin objectivar causes de manca d'objectivitat i imparcialitat en el seu dictamen sense que s'hagi de separar del procediment judicial, si la part clienta no li ho demana.

- Quan l'objecte de la pericial entri en contradicció amb els seus valors morals podrà desestimar la realització de l'estudi forense i conseqüentment dictaminar sobre el cas.

c). RESPONSABILITATS LEGALS.

El tècnic/a forense:

- No acceptarà regals en consideració al seu càrrec.
- No prestarà fals testimoni.
- Ha de mantenir l'ordre públic i obediència a l'autoritat en l'exercici de les seves funcions.
- En actuacions extrajudicials té l'obligació de complir amb el contracte convingut amb la part clienta.
- L' incompliment d'una norma jurídica de les seves funcions en la pràctica judicial o d'ofici conduirà a l'obligatorietat del perit/a a la reparació del dany causat.
- Obligatorietat en el compliment del seu exercici segons el regulat pel Col·legi Professional al que estigui adscrit/a.

5. RELACIÓ AMB D'ALTRES PROFESSIONALS.

La deontologia professional implica no manifestar a les persones clientes (físiques o jurídiques) els possibles desacords amb l'actuació d'altres col·legues i/o professionals d'altres disciplines, sense elements objectius que acreditin un incorrecte dictamen.

En alguns procediments en els que es sol·liciten contra-pericials o es presenten diferents dictàmens només es podrà qüestionar el seu contingut i metodologia quan sigui requerit per l'autoritat judicial.

L'especialista forense:

- Ha de compartir amb les companyes i els companys de professió i amb les persones responsables de les escoles professionals i els centres de formació permanent els nous coneixements obtinguts a través de la recerca i de l'experiència.

- Ha de limitar les informacions donades a col·legues i a altres professionals a aquells elements que consideri indispensables per aconseguir l'objectiu comú, respectant sempre el secret professional.

- Quan conegui que un altre o una altra professional incompleix les normes descrites al codi deontològic, ha de posar-ho en coneixement i comunicar-ho per escrit a la Junta de Govern del corresponent Col·legi Professional del que en formi part.

6. CONFIDENCIALITAT I SECRET PROFESSIONAL.

Del tractament de les dades i del secret professional.

El secret professional és un deure del perit/a com a professional i un dret de la part clienta.

La informació obtinguda en el procés d'estudi i de recerca haurà de ser tractada amb la màxima responsabilitat i prudència, i ser tractada segons el que estableix la llei.

La recollida i comunicació de dades s'haurà de restringir única i exclusivament a les necessitats de l'actuació professional.
Restarà per tant, exclòs, fer-ne un ús indegut de qualsevol tipus d'informació obtinguda amb la intenció d'obtenir beneficis propis o com a favor de terceres persones.

El secret professional és un dret i un deure que es manté, fins i tot, després d'haver finalitzat la prestació del servei professional. Per tant, la interrupció de la relació professional o la mort de la part clienta no eximeix al tècnic/a del deure a guardar aquesta informació.

Qualsevol informació demanada al perit/a forense orientada a estudis estadístics, de planificació o d'altres motius, haurà de ser facilitada sense dades que puguin identificar a la persona subjecte de valoració forense.

S'ha d'assegurar i garantir el dret a la intimitat de la persona posant especial cura en la guarda i la custodia dels registres realitzats, ja siguin informatitzats o en format paper que s'hagin anat generant i estiguin recollits en els historials, en les fitxes, en els expedients o en els mateixos informes o dictàmens forenses o pericials.

El secret professional només es podrà vulnerar amb prèvia autorització de la Junta de Govern del Col·legi professional al que pertanyi la persona experta, amb assessorament previ del Consell d'Ètica, quan es posi en risc la integritat física i moral d'una persona.

Per poder donar a conèixer dades de la persona clienta s'haurà de disposar sempre de la seva autorització, llevat en els casos en què la persona no sigui responsable dels seus actes o bé, si hi hagués una demanda explícita per part d'algun òrgan judicial.

Casos en què no es viola el secret professional:

a). Per realitzar l'activitat professional en equip interdisciplinari sempre que el que es reveli sigui necessari per a l'actuació forense.

b). Si mantenir el secret professional perjudica terceres persones.

c). Quan es té coneixement de delictes que posin en perill la vida, la salut, la integritat, la llibertat o la llibertat sexual de les persones.

d). Per evitar una lesió injusta i greu que el fet de guardar el secret professional podria causar al perit/a o a una tercera persona.

e). Quan el perit/a sigui rellevat de guardar secret per la mateixa persona clienta o pels seus hereus.

f). Davant de l'autoritat judicial quan la informació de la que disposa l'especialista ha estat obtinguda durant l'estudi forense i forma part de l'objecte de la pericial. En aquests casos, el secret professional queda relegat al que no forma part de l'objecte de la pericial, i es mantindrà en altres espais públics, formals o informals.

Si la demanda judicial s'estén més enllà de l'objecte de la pericial, el perit/a actuarà segons el que regula el següent apartat d'aquest document.

El secret professional davant l'autoritat judicial.

L'especialista forense ha d'exposar públicament el seu dictamen i el fonamentarà en base a les dades explorades, tot i que aquestes siguin amb caràcter personal, sempre que no interfereixin el secret professional.

En actuacions pericials no caldrà l'autorització de la part clienta per presentar les dades de caràcter personal a l'autoritat judicial.

Quan la informació de la que disposi el perit/a no formi part de l'objecte pericial i estigui protegida pel secret professional, s'haurà de comunicar el deure a guardar secret professional.

En aquest cas, l'especialista podrà ser rellevat/da de guardar secret a petició del jutge/essa o tribunal de la forma que determina la llei. Aquest acte haurà de seguir els procediments establerts legislativament.

Paral·lelament, el tècnic/a haurà de sol·licitar a la Junta de Govern del Col·legi professional, prèvia consulta al Consell d'Ètica, ser dispensat/da de guardar secret professional.

El perit/a social que en el transcurs de la seva actuació professional es veiés perjudicat/da pel fet de mantenir el secret professional haurà de comunicar-ho per escrit a la Junta de Govern del Col·legi per tal d'obtenir la defensa i la protecció col·legial en el seu exercici.

El dret a guardar el secret professional perdura un cop finalitzat el procediment judicial.

7. DEL DESENVOLUPAMENT PROFESSIONAL.

- Els i les professionals forenses han d'actualitzar els seus coneixements i tècniques, millorar les seves capacitats mitjançant la formació continuada i permanent per l'acompliment de les seves responsabilitats professionals i per dotar la seva especialització de la màxima qualitat.

- L'especialista judicial ha de ser un/a professional independent per tal d'ésser objectiu i imparcial en la seva actuació.

- En totes les qüestions relacionades amb la tasca forense, la independència del perit/a no ha de veure's afectada per interessos personals o externs.

- És important mantenir la neutralitat política en relació a encàrrecs institucionals.

- El perit/a ha d'evitar, en tant que sigui possible, tota classe de relacions amb les parts implicades i amb el personal de l'òrgan judicial sol·licitant i altres persones que puguin influir, comprometre o amenaçar la seva capacitat per actuar amb total independència, imparcialitat i objectivitat en l'acompliment de les seves funcions.

- El tècnic/a forense no ha d'utilitzar el seu càrrec o designació oficial amb propòsits privats, i ha d'evitar relacions que impliquin un risc de corrupció o que puguin suscitar dubtes sobre l'objectivitat i independència en l'emissió del seu dictamen pericial.

8. HONORARIS.

El perit/a té el deure d':

- Informar a la part clienta dels seus honoraris.
- Elaborar i presentar un pressupost de la seva pericial.

El perit/a té el dret a:

- Fixar els honoraris que considerin corresponen al valor del seu treball tal com determinen les lleis europees de la lliure competència de mercat.
- Percebre els honoraris acordats.
- Demanar una provisió de fons pels serveis contractats.
- Reclamar per vies extrajudicials i judicials els seus honoraris quan aquests no siguin abonats per la part clienta.

FONTS DOCUMENTALS

FONTS DOCUMENTALS.

- Llei 1/2000 de 7 de gener, d'Enjudiciament Civil.

- Llei 6/1985, de 1 de juliol, Orgànica del Poder Judicial.

- Llei d'Enjudiciament Criminal.

- Llei 1/1996, de 10 de gener, d'Assistència Jurídica Gratuïta.

- Llei 25/2010, de 29 de juliol del Segon Llibre del Codi Civil Català, relatiu a la persona i a la família. Disposició sisena.

- Llei 13/2009, de 3 de novembre, de reforma de la legislació processal per a la implantació de la nova Oficina Judicial.

- Llei orgànica 15/1999, de 13 de desembre, de Protecció de Dades de Caràcter Personal.

- Codi Deontològic de l'Associació Catalana de Pèrits Judicials i Forenses. Barcelona, Catalunya.

- Codi Deontològic de Pèrits Judicials. Asociación Independiente de Peritos Judiciales. 2007. Andalusia.

- Codi Deontològic de Pèrits Judicials de l' Asociación Profesional Colegial de Peritos Judiciales del Reino de España (ASPEJURE). 2010. Madrid.

- Codi Deontològic de Pèrits Judicials de l'Asociación de Peritos Judiciales de Canarias. 2013. Canàries.

- Principis Ètics del Treball Social definits per la Federació Internacional de Treballadors Socials (F.I.T.S.). 2004.

- Codi Deontològic de Treball Social. Consejo General de Trabajo Social. 2012.

- Codi Deontològic de Treball Social. Col·legi Oficial de Treball Social de Catalunya. 2000.

www.ingramcontent.com/pod-product-compliance
Lightning Source LLC
Chambersburg PA
CBHW072310170526
45158CB00003BA/1269